AF221128

Leichter *schwanger* werden

mit 28-Tage-Übungsplan

♥

Bibliografische Information der Deutschen Nationalbibliothek: Die Deutsche Nationalbibliothek verzeichnet diese Publikation in der Deutschen Nationalbibliografie; detaillierte bibliografische Daten sind im Internet über http://dnb.dnb.de abrufbar

Dieses Werk ist urheberrechtlich geschützt.

Alle Rechte, auch die der Übersetzung, des Nachdrucks und der Veröffentlichung des Buches, oder Teilen daraus, sind vorbehalten.

© 2020 Aurelia D. Stark

Herstellung und Verlag:

BoD – Books on Demand, Norderstedt

ISBN 9783751970921

♥

Hinweis: Die Methoden und Anregungen in diesem Buch wurden von der Autorin nach bestem Wissen erstellt und geprüft. Sie bieten jedoch keinen Ersatz für kompetenten persönlichen medizinischen Rat. Jede/r Leser/in ist für das eigene Tun selbst verantwortlich und sollte sich bei Bedenken erst ärztlich untersuchen lassen. Die Autorin übernimmt für eventuelle Nachteile oder Schäden, die aus den im Buch gegebenen praktischen Hinweisen und Übungen resultieren, keine Haftung.

Inhaltsverzeichnis

♥

♥

1.

Einleitung

„Schwanger werden ist einfach!" Habe ich früher gedacht. Man überlegt sich, wann man ein Kind bekommen möchte, legt dann mit seinem Partner zur richtigen Zeit los… und siehe da:

Neun Monate später kommt ein süßes kleines Baby zur Welt.

Dass dies so nicht ganz stimmt, musste ich am eigenen Leib erfahren. Mein Mann und ich versuchten fast 2 Jahre vergeblich schwanger zu werden. Ich bin ein rationaler Mensch, habe mein Leben bis zu diesem Punkt immer gut durchgeplant. Schule, Studium, Freizeit, etc. Also wollte ich erstmal nicht einsehen, dass man eine Schwangerschaft nicht planen kann. Motiviert versuchte ich alles, was ich an Hausmittelchen kannte oder in irgendwelchen Internetforen recherchiert hatte, um endlich mein Ziel zu erreichen. Mit jedem Übungszyklus, der mit der „roten Pest" endete, wurde ich erst deprimierter und später panischer.

♥

Schließlich war ich schon gut Mitte 30 und hatte ein naturwissenschaftliches Studium absolviert. Mir war klar, dass mir nur noch eine begrenzte Zeit zur Verfügung stand um Kinder zu bekommen. Was mich zusätzlich unter Druck setzte war, dass ich immer von mindestens drei Kindern, einer ganzen Rasselbande, geträumt hatte und jetzt funktionierte es nicht einmal mit einem einzigen.

Ich zog mich immer mehr aus meinem Freundeskreis zurück, hatte keine Lust auf Unternehmungen mit meinem Mann, auf der Arbeit war ich unkonzentriert und unzufrieden. Das einzige, an das ich nicht aufhören konnte zu denken, waren Temperaturkurven und Ovulationsteststäbchen und dass ich wahrscheinlich der einzige Mensch auf der ganzen weiten Welt war, der niemals schwanger werden würde. Ich war sogar soweit, dass ich dem Clearblue Fertilitätsmonitor® keinen Glauben mehr schenkte und trotzdem noch mit bloßem Auge die Teststäbchen auswertete.

Immer, wenn meine fruchtbare Zeit gekommen war, musste mein Mann „ran", ob wir gerade Lust hatten oder nicht. Dies bedeutete, dass wir beide sogar in der Mittagspause gehetzt die Arbeit verließen, schnell nach Hause düsten um dort in Rekordtempo den Akt zu vollziehen.

Das Schlimmste war, dass in dieser Zeit gefühlt jeder um mich herum schwanger wurde, nur eben ich nicht!

Ich verfluchte meinen Körper, der nicht mal das einzige, was ein weiblicher Körper mit Leichtigkeit beherrschen sollte, zustande bekam.

Warum nur wurden manche einfach so von einem One-Night-Stand ungewollt schwanger und ich, die es sooooo unbedingt wollte, schaffte es nicht?

Alle sagten mir ich solle mich entspannen, dann würde es schon irgendwann passieren. Wir sollten in den Urlaub fahren…

Du willst nicht wissen, wie oft wir im Urlaub waren mit dem Vorsatz schwanger zu werden. Ohne Erfolg.

Irgendwann kam ich dann zu der Einsicht, dass ich wahrscheinlich schon lange in den Wechseljahren stecken musste. Wollte ich mein ganzes restliches Leben so verbringen? Unglücklich, gefrustet, wütend?

Nein!

Also machte ich mit mir selbst einen Pakt! Ich stellte mir ein Programm aus Entspannungsübungen und Visualisierungen zusammen und versprach mir, dass ich es noch genau zwei Monate versuchen würde. Wenn ich dann nicht schwanger wäre, würde mein Leben (und natürlich auch das Leben meines Mannes, aber das habe ich in meinem „will-unbedingt-schwanger-werden-Wahn" oft ausgegrenzt) auf

♥

andere Dinge ausgerichtet werden, andere Ziele bekommen.

Und was soll ich sagen, ich war nach nicht mal 20 Tagen meines Programms schwanger. Zuerst wollte ich es nicht glauben! Nachdem 5 verschiedene Schwangerschaftstests aber dasselbe sagten, sickerte die wunderbare Nachricht langsam in mein Hirn…

Schwanger!!!

Zunächst hielt ich das alles für einen riesigen Zufall. Doch dann wurde meine Freundin, die sogar schon 5 Jahre geübt und zahlreiche Kinderwunsch-behandlungen in einer Kinderwunschklinik erfolglos über sich ergehen lassen hatte, auch im ersten Zyklus mit diesem Programm schwanger.

Meine Neugierde war geweckt. Ich gab nun jedem Pärchen in meinem Umkreis, von dem ich hörte, dass es schwanger werden wollte, meine Übungen.

Es kann immer noch Zufall sein… manche wurden im ersten Zyklus schwanger, andere im zweiten, bei wieder anderen dauerte es ein paar Monate länger, doch schwanger wurden sie alle! Auch in Kombination mit Kinderwunschbehandlungen zeigte mein Programm sehr gute Ergebnisse.

Als mein Mann und ich uns entschieden für ein zweites Kind zu üben, probierte ich es sofort mit diesem Programm…Und es funktionierte wirklich wieder im *ersten Übungszyklus*!!!

Und dass, obwohl ich noch mitten in der Stillzeit war und mein Frauenarzt mir sagte, dass keinerlei Anzeichen für eine Fruchtbarkeit zu sehen seien!!!

Und auch jetzt, beim dritten Kind, war ich wieder im ersten Monat mit meinem System schwanger!!!

Beim Ultraschall sagte mein Facharzt lachend: „Oh, sie haben ja eine nach hinten gekippte Gebärmutter. Früher hat man das operiert, weil man damit ganz schlecht schwanger werden kann...‟

Und in dieser gekippten Gebärmutter sah man schon das Baby und das kleine Herzchen war kräftig am Pumpen.

Das ist der Grund, aus dem ich dieses Büchlein schreibe. Ich möchte dir helfen schwanger zu werden, damit du dein Leben wieder genießen kannst und du, dein Partner und eure zukünftigen Kinder zu einer glücklichen Familie werdet!

Ohne Stress, ohne Druck, ohne das Gefühl „Die Zeit rennt mir davon‟.

Es heißt noch lange nicht, dass dieses Programm bei dir genauso helfen wird wie bei mir und meinen Testpärchen, aber was hast du zu verlieren???

♥

Das Schlimmste was passieren kann ist, dass du die Übungen machst, nichts passiert und du immer noch an genau dem Punkt stehst, an dem du gerade jetzt stehst. Doch wenn es funktioniert, hast du alles gewonnen, was du dir erträumt hast!

Einen Versuch ist es wert!!!

2.

Anmerkung

Wunder dich nicht, dies ist ein reines Praxisbüchlein, deshalb ist es bewusst so kurz und bündig gehalten. Wichtig für deinen Erfolg ist schließlich nicht das Lesen, sondern das Ausführen der Übungen.

Probiere alle Übungen in diesem Buch aus, ohne dich anzustrengen oder zu stressen. Sie müssen nicht perfekt durchgeführt werden! Wenn du beim Visualisieren erstmal nicht das siehst, was du möchtest, ist das nicht schlimm. Manche Menschen können das Erwünschte besser Fühlen oder Hören. Das ist auch total in Ordnung.

Ich wünsche dir viel Spaß und Erfolg!!!

♥

3.

Akzeptieren

Das erste, was wir in Angriff nehmen müssen, ist das Akzeptieren.

Akzeptiere die Situation, in der du dich gerade befindest. Akzeptiere was *jetzt* ist.

Solange du deine jetzige Wirklichkeit nicht annimmst wirst du unterschwellig deinem Unterbewusstsein immer die falschen Signale geben. Das heißt nicht, dass du die Situation gutheißt oder magst. Du akzeptierst einfach, dass es jetzt gerade eben so ist und es in Ordnung ist, dass es jetzt gerade genauso ist. Ganz ohne negative Wertung.

Also entspanne dich und mach die Übungen in diesem Büchlein ganz ohne Druck. Lass alles auf dich zukommen. Eine Schwangerschaft ist ein großes Wunder!

Und Wunder kann man zulassen, aber nicht erzwingen!

4.

Angst loslassen

Torschlusspanik bringt dich nirgendwo hin. Sie macht dich nicht schneller schwanger, ganz im Gegenteil.

Angst ist ein großes Thema, wenn es um unerfüllten Kinderwunsch geht. Die nagende Angst nie selbst Kinder haben zu können, die einzige Frau auf der Welt zu sein, die das, was jede Frau können sollte nicht hinbekommt. Die Angst, dass irgendwas nicht mit einem stimmt. Die Angst schon zu alt zu sein und in den Wechseljahren zu stecken oder die Angst, wenn es nicht sofort klappt, bald zu alt zu sein. Die Angst mit Kind im Job und in der Karriere nicht mehr ernst genommen zu werden oder nach der Elternzeit eine schlechtere Aufstiegsmöglichkeit zu haben. Die Angst davor keine gute Mutter zu sein. Die Angst vor den körperlichen Veränderungen, die mit einer Schwangerschaft einhergehen. Vielleicht hast du auch schon von Freunden und Bekannten Horrorgeschichten von der Geburt erzählt bekommen oder sie selbst erlebt (wenn zum Beispiel deine zweite

♥

Schwangerschaft nicht klappen will). All dies sind berechtigte Ängste. Deine Ängste sind nicht böse. Sie wollen dich auf etwas hinweisen, mehr nicht. Was sie immer größer und schrecklicher erscheinen lässt ist, wenn du sie nicht beachtest und ihnen nicht zuhörst, oder wenn du sie ins Unbewusste verdrängst. Dann werden sie immer stärker bekommen eine immer größere Sogwirkung. Sie beeinflussen dein Unterbewusstsein und können deine Schwangerschaft verhindern, ohne, dass du dir dessen bewusst bist.

Du solltest dich also mal ganz in Ruhe hinsetzen und darüber nachdenken, welche Ängste (egal wie abwegig sie im Tageslicht erscheinen mögen) zwischen dir und deiner Schwangerschaft stehen könnten.

Wo in deinem Körper sitzt diese Angst? Spüre zu dieser Angst hin. Spüre sie bewusst.

Sage: „Danke Angst, dass du mir helfen und mich beschützen willst. Was kann ich für dich tun?" Dann höre einfach mal hin, was deine Angst zu sagen hat. Danke deiner Angst danach noch einmal und sage ihr, dass sie nun beruhigt gehen kann.

Hört sich total bescheuert an, funktioniert aber wirklich.

Mach das mit all deinen gefundenen Ängsten. Wundere dich nicht, je nachdem wie tief die Angst sitzt, kann es sein, dass dir die Tränen kommen. Lass es zu.

Probiere diese Übung auch mit deinen anderen negativen Gefühlen. Zum Beispiel mit deiner Wut auf dich und deinen Körper, der einfach nicht so funktionieren will, wie er soll. Oder deinem Selbstmitleid. Oder deiner Trauer, dass es immer noch nicht funktioniert hat.

Gerade wenn die rote Pest sich doch wieder einmal ankündigt und du total niedergeschlagen bist, ist das die perfekte Übung!

♥

5.

Best-Case-Szenario

Stell dir nun das beste Szenario vor, dass du dir erträumen kannst!

Du machst dieses Programm und kaum hast du damit begonnen, bist du schon schwanger! Du bist mega glücklich und hältst den positiven Schwangerschaftstest in deinen Händen. Du hast eine wundervolle Schwangerschaft und fühlst unter deinen Händen, wie dein Bauch wächst. Deine Geburt ist leicht und schön und dein Baby das schönste und entspannteste überhaupt!

Wie wird euer weiteres Leben aussehen? Male es dir in den schönsten Farben aus!

♥

6.

Wenn Zweifel kommen

Wichtig ist, dass du dir in der gesamten Zeit dieses Programms nicht sagst: „Das *muss* jetzt funktionieren!"

Lass es locker angehen. Ich weiß, das ist nahezu unmöglich, gerade wenn man schon länger „übt", aber versuch es bitte!

Wenn du mal wieder zweifelst, sage dir einfach: „Ach egal, wenn es nicht funktioniert, dann ist das auch nicht schlimm!"

Damit kannst du den Zweifel beruhigt entlassen und verhinderst so, dass er immer stärker wird und dein Unterbewusstsein weiter negativ beeinflusst.

Je weniger verbissen du den Kinderwunsch angehst, umso leichter wirst du empfangen. Denn, wie sagt der Volksmund so schön: Die beste Verhütung ist ein starker Kinderwunsch.

♥

Dabei muss der Kinderwunsch dir nicht wirklich nichts mehr bedeuten. Hier geht es nur darum deine Zweifel und Ängste anders zu bewerten und dich nicht in sie hineinzusteigern.

7.

Grundübungen

Das Training besteht immer aus einer Morgen-, einer Mittag- und einer Abendübung. Zwischendurch kannst du natürlich auch immer mal kurze Sequenzen einlegen, wenn du möchtest, aber die drei Übungszeiten sollten wenn möglich eingehalten werden.

Zuerst übst du dich schlicht und einfach zu *entspannen.*

Wenn du dies gut beherrschst, gibt es nach Belieben noch viele nachfolgende Übungen für dich, die du am besten in der Entspannung durchführst. Du kannst diese natürlich auch zusätzlich kurz zwischendurch ohne die Entspannung durchführen. So wie es sich für dich in diesem Moment richtig anfühlt.

Du wirst sehen, es tut dir gut und macht Freude und Spaß!

Also packen wir es an!!!

♥

MORGENS:

Für die morgendliche Entspannungsübung stelle dir am besten 15 Minuten vor deiner üblichen Aufstehzeit einen zusätzlichen Wecker.

Bleibe im Bett liegen, schließe deine Augen und spüre in deinen Körper hinein. Was fühlst Du? Wo liegt dein Körper auf der Matratze auf?

Achte auf deinen Atem. Lass ihn bis tief in den Bauchraum fließen. Ruhig und gelassen. Durch die Nase ein- und wieder aus. Die Zungenspitze liegt am Gaumen an, kurz hinter deinen Zähnen.

Entspanne die Muskeln um deine Augen und versuche bei geschlossenen Augen *ein klein wenig* in Richtung eines gedachten Punktes zwischen deinen Augenbrauen zu schauen. Das verstärkt die Entspannung, so dass du schneller aus dem hektischen Alltagsbewusstsein hinaus und in eine angenehm tiefe Entspannung hineingelangst.

Jetzt beginnen wir mit dem Zählen. Stelle dir vor, du hast einen Leuchtstift in der Hand und zeichnest Zahlen in die Luft. Du fängst bei 80 an und zählst in langsamen Tempo bis auf 0. Stelle dir die Zahlen genau vor. Schreibe sie leuchtend vor deinem inneren Auge.

80…Einatmen…Ausatmen…79…Einatmen…Ausatmen…78…Einatmen…Ausatmen…usw.

Am Anfang kann es sein, dass du wieder einschläfst und nicht bis 0 durchkommst. Das ist ganz normal und wird sich mit mehr Übung legen. (Stelle dir noch einen zusätzlichen Wecker zur Sicherheit, damit du deinen Tag nicht verschläfst).

Wenn es nach einigen Tagen immer noch nicht funktioniert, kannst du dich auch in deinem Bett aufsetzen, um die Übung zu machen, dann schläfst du nicht so schnell wieder ein.

Nach ein paar Tagen kannst du dann bei 40 anfangen zurückzuzählen, ein paar Tage danach dann von 20 und ein paar Tage später reicht es auch schon von 10 abwärtszuzählen. (*Dies gilt für alle drei Grundübungen!*)

Wenn du bei Null angekommen bist, bleibe noch einige Minuten ruhig und entspannt liegen. Spüre deinen Körper. Hat er noch irgendwo Verspannungen? Wenn ja, lass sie los.

Du kannst in dieser Entspannung solange verweilen, wie es dir guttut (oder bis der Wecker klingelt).

Du siehst, das geht doch ganz einfach und locker!

♥

MITTAGS:

Die mittägliche Übung ist sehr wichtig, gerade wenn du nur eine relativ kurze Mittagspause hast. Mit ihr kannst du schnell abschalten und aus deinem stressigen Alltag in eine tiefe Entspannung abtauchen.

Stelle dir am besten wieder einen (Handy-) Wecker auf 15 Minuten, nur zur Sicherheit. Wenn es dir guttut und gefällt, kannst du die Übungen natürlich auch länger ausführen.

Diesmal legst oder setzt du dich einfach irgendwo bequem hin.

Ich habe diese Übung zum Beispiel immer in meinem Auto auf dem zurückgelegten Beifahrersitz durchgeführt.

Du zählst wieder von 80 auf 0 und drehst deine Augen *leicht* in Richtung des Punktes zwischen deinen Augenbrauen. Die Zungenspitze liegt am Gaumen.

Nun stellst du dir vor, du steigst eine helle Treppe hinunter. Bei jeder Zahl machst du einen weiteren Schritt in die Tiefe. Stell dir die Zahlen wieder genau vor. Sieh sie vor deinem inneren Auge. Wenn du unten angelangt bist (NULL), stehst du vor einer Tür. Sie führt dich an einen Ort, an dem du dich wohlfühlst. Zum Beispiel eine Frühlingswiese mit duftenden Blümchen und flatternden Schmetterlingen, einem großen, knorrigen Baum unter dem du gerne Platz nimmst, einem einsamen Sandstrand an dem du die seichten Wellen beobachten kannst oder einen Berggipfel, von dem aus du einen atemberaubenden Blick ins darunterliegende Tal hast.

Deiner Phantasie sind keine Grenzen gesetzt. Die Hauptsache ist du fühlst dich *wohl, sicher* und *geborgen*. Stelle dir diese Umgebung genau vor. Fühle beispielsweise die knorrige Rinde des alten Baumes unter deinen Händen, oder das Gras, in dem du dich niederlässt. Rieche die frische Luft, den angenehmen Duft der Wiesenblumen oder die Seeluft.

Dein *Wohlfühlort*. Hier kannst du nun solange bleiben, wie es dir angenehm ist.

♥

ABENDS:

Für unsere abendliche Entspannung stelle dir vor du stehst im Aufzug.

Über dir leuchtet die Anzeige mit den Etagen in grellem Rot.

Es ist ein Hochhaus, du bist im 80. Stockwerk.

Langsam, aber sicher zählt die Anzeige des Aufzugs auf 0 hinunter. Unten angekommen steigst du aus und bist an deinem WOHLFÜHLORT.

Hier setzt du dich bequem hin und lässt die Seele einen Moment baumeln. Genieße die Ruhe, die Atmosphäre.

Es kann sein, dass du dich in Aufzügen nicht wohlfühlst, dann nimm einfach die Morgens- oder Mittagsübung nochmal.

Wenn die Übungen nicht sofort klappen, hab ein wenig Geduld mit dir selbst!

Meine Oma hat immer gesagt: Alles kann man lernen, wenn man nur will! 😊

8.

Durch den Körper wandern

Wenn du diese Grundübungen ein paar Mal probiert hast, kannst du nach dem Runterzählen von 80 auf 0 mit einer weiteren Übung beginnen.

Bleibe mit geschlossenen Augen liegen und wandere nun mit deiner Aufmerksamkeit durch deinen Körper.

Du fängst bei deinem linken kleinen Zeh an. Du konzentrierst dich auf diesen Zeh, sobald er anfängt zu kribbeln oder zu jucken oder warm zu werden, kannst du mit deiner Aufmerksamkeit zum nächsten Zeh wandern. Dann wird der ganze Fuß entspannt, danach dasselbe mit dem rechten Fuß. Dann sind die Unterschenkel dran, die Oberschenkel, der untere Rücken, der obere Rücken, der Bauch, die Brust, die Schultern, die Arme, die Hände, der Hals, die Kopfhaut, die Augen. Alles nacheinander entspannen.

♥

Wenn du durch den gesamten Körper gewandert bist verweile noch solange in dieser wundervoll warmen Entspannung, wie du möchtest.

Das Ganze hört sich beim Durchlesen nach ziemlich viel „Arbeit" an, aber du wirst ganz sicher feststellen, dass es in der Praxis ganz easy ist und richtig Spaß macht!

9.

Babyfotos

Hast du noch alte Babyfotos von dir oder deinem Partner?

Wenn ja, dann suche ein paar süße heraus, fotografiere sie ab und stelle sie als dein Hintergrundfoto auf deinem Handy oder PC ein.

Du kannst sie auch in deiner Wohnung aufhängen, an Orten, an denen du dich oft aufhältst. Zum Beispiel am Badezimmerspiegel. Dann kannst du es beim Zähneputzen betrachten. Oder du bringst es an dem Ort an, den du kurz vor dem Einschlafen und kurz nach dem Aufwachen betrachtest.

Wenn du keine Fotos von dir oder deinem Partner mehr hast, kannst du auch im Internet nach Babybildern suchen und ein solches benutzen. Das funktioniert genauso gut!

♥

10.

Baby vorstellen

Wenn du die Grundübungen einige Male trainiert hast, wirst du merken, dass du immer schneller in die Entspannung findest. Du kannst nun anfangen die Übungen nochmal weiter auszubauen.

Nachdem du runtergezählt hast und entspannt bist, stellst du dir DEIN Baby vor.

Es liegt in deinem Arm. Du spürst sein Gewicht, seine zarte Haut auf deiner. Es schläft eng an dich gekuschelt, oder es strahlt dich mit seinem ersten zahnlosen Lächeln an. Automatisch musst du mitlächeln und ein wohlig warmes Gefühl breitet sich in dir aus. Dir geht das Herz auf! Es läuft über vor Liebe und Glück! Für dieses winzige Wesen bist du die ganze Welt und es bedeutet die Welt für dich!

Es ist das schönste und liebste Baby überhaupt! DEIN BABY!

Fühle wie es deine Haut mit seinen winzigen Händchen streichelt. Dann packt es deinen Finger fest in seine Hand. Wie stark es schon zupacken kann. Rieche an seinem samtigen Haarflaum… wie gut es duftet.

Spüre dein Baby mit allen Sinnen!

Stell dir dieses Szenario so oft und in den schönsten Farben wie möglich vor!

Am Anfang kann es sehr schwierig sein dir dein Baby vorzustellen. Es kann sein, dass erstmal kein Bild vor deinem inneren Auge entsteht. Das ist ganz normal und wird sich mit etwas Übung sehr schnell verbessern.

Mir kamen anfangs immer wieder Gedanken in den Sinn wie:

„So ein Mist! Wieso machst du das? Du machst dich selbst so doch nur noch unglücklicher als du eh schon bist! Das klappt nie! Du wirst nie ein Kind bekommen! Du belügst dich doch nur selbst! Und so weiter…"

Dass diese Gedanken auftauchen ist völlig normal! Lass dich dadurch nicht abschrecken.

Nur weil du etwas denkst, heißt es noch lange nicht, dass es der Wahrheit entspricht!

♥

Übe einfach weiter. Bekämpfe die Gedanken nicht, unterdrücke sie nicht, lass sie einfach zu, lass sie ziehen. Irgendwann hören die Stimmen in deinem Kopf, die dir diese negativen Dinge zurufen, auf dich beeinflussen zu wollen. Nun kannst du dich voll auf dein wundervolles Baby konzentrieren!

Lass dich nicht entmutigen, es kann schon einige Tage dauern, bis dieser Zustand eintritt, aber glaube mir, es lohnt sich!!!

Wenn du möchtest und es dir leichter fällt, kannst du dir auch erstmal in Gedanken sagen, dass es nur *Irgendein* Baby ist, das du in den Armen hältst, nicht unbedingt *Dein* Baby. Dass du dieses Baby nur anschauen möchtest.

Oft ist man so blockiert und in dem Denken verhaftet, dass es überhaupt nicht möglich ist jemals selbst Kinder zu bekommen, dass das Unterbewusstsein ein wenig ausgetrickst werden muss.

Nach und nach wird es dir immer leichter fallen dir dieses Baby vorzustellen und irgendwann fühlt es sich total natürlich an und dein Herz wird überquellen vor Freude, wenn du an dein zukünftiges Baby denkst!

Mache diese Übung so oft du kannst und möchtest. Nicht nur morgens, mittags und abends während der Entspannungsübungen, sondern auch einfach zwischendurch, auf der Arbeit oder beim Einkaufen in der Warteschlange. Dafür musst du nicht mal die Augen schließen. Irgendwann kannst du dir dein Kind auch mit offenen Augen vorstellen.

Diese Übung scheint auf den ersten Blick unsinnig und esoterisch angehaucht zu sein. Lass dich davon aber nicht abschrecken. Sie basiert auf einer Feststellung von Psychologen, dass unser Unterbewusstsein nicht unterscheiden kann was wahr ist und was sich nur in Gedanken abspielt.

Das erkennst du daran, dass du zum Beispiel schweißgebadet und mit Herzklopfen von einem Alptraum aufwachst. Dein Unterbewusstsein hat den Alptraum für wahr gehalten und *echte körperliche Reaktionen ausgelöst.*

Oder wir schauen uns das bekannte Beispiel mit der Zitrone an.

Schließe deine Augen. Sehe vor deinem inneren Auge eine herrlich gelbe Zitrone. Sieh die Poren in der Schale. Fühle die wachsartige Schale unter deinen Fingern. Schneide die Zitrone jetzt mit einem scharfen Messer auf. Du hörst, wie das Messer durch die Schale gleitet. Der Saft spritzt ein wenig hervor. Du riechst den frischen Zitronenduft. Nun nimm dir eine Hälfte und beiß kräftig hinein. Wie schmeckt es?

Hast du etwas bemerkt?

♥

Das Unterbewusstsein lässt dir den Mund zusammenziehen und Speichel fließen, obwohl du es dir nur vorgestellt hast.

Deshalb probiere diese und auch die späteren Visualisationsübungen mit ruhigem Gewissen aus.

Wenn du sie oft genug wiederholst wird dein Unterbewusstsein es für die Realität halten und alles daran setzten es auch körperlich umzusetzen.

Das Schöne ist, dass dies auch funktioniert, wenn du nicht daran glaubst. Du musst nur die Übungen oft genug wiederholen.

So einfach ist das!

11.

Organen vergeben

Nachdem du an deinem Wohlfühlort angekommen bist, entscheide dich bewusst dazu jedem deiner Organe zu vergeben.

Das mag sich zunächst etwas befremdlich anhören und anfühlen, doch wenn man den Kinderwunsch lange genug hegt, neigt man dazu seinen kompletten Körper zu hassen und für seine Unfähigkeit zu verdammen, egal, ob dieser Teil etwas mit der Fortpflanzung zu tun hat oder nicht. Diese Einstellung blockiert unbewusst, deshalb wirkt es sehr befreiend den einzelnen Teilen des Körpers zu vergeben.

Du kannst sicher sein: Dein Körper ist auf deiner Seite! Er möchte deinen Wunsch nach einer intakten Schwangerschaft gerne erfüllen und tut immer sein Bestes!

♥

Gehe also in die Entspannung.

Zu jedem deiner Organe sagst du nun in Gedanken:
„Ich vergebe dir und ich liebe dich!"

Leber, Magen, Milz, Nieren, Bauchspeicheldrüse,
Galle, Darm, Augen, Haut, Lunge, HERZ,
GEBÄRMUTTER, EIERSTÖCKE.

Am Anfang kommt man sich wirklich total
behämmert vor. Das legt sich aber bald.

12.

Allen Zellen vergeben

Als nächstes stellst du dir deine Zellen vor. Sie sind winzig, winzig klein und schuften ohne Unterlass nur für dich. Sie haben keinen Urlaub und keinen Feierabend. Vom Anfang ihres Lebens, bis zu ihrem Tod sind sie nur voll und ganz für dich da! Werde dir bewusst wie wertvoll du bist!

Umarme deine Zellen gedanklich und sage ihnen: „Ich vergebe euch und ich liebe euch! Vielen Dank für alles!"

♥

13.

Warmes Licht

Noch ein Schritt weiter!

Versuche dir ein warmes Licht in deiner Lieblingsfarbe vorzustellen. Wenn du in deine Entspannung gehst, atme dieses warme Licht ein und lass es beim Ausatmen durch deinen Körper fließen. Das erfordert ein wenig Übung, also sei nicht enttäuscht, wenn es nicht beim ersten Mal funktioniert.

Dieses warme, gleißende Licht strahlt in deinem Körper weiter, so dass bald dein ganzer Körper in Licht gehüllt ist.

Es entspannt jeden Muskel noch weiter und bringt alle körperlichen Reaktionen in die richtige Balance. Dieses heilende Licht bringt alle hormonellen Ungleichgewichte und ungünstigen körperlichen Zustände ins Lot.

♥

14.

Lichtkugel

Und noch ein Schritt weiter!

Gehe nun in die Entspannung und stelle dir eine Kugel aus wunderbarem, goldenem Sonnenlicht vor, die deinen Unterleib voll umschließt. Diese Lichtkugel heilt deine Gebärmutter und Eierstöcke von all ihren Leiden.

Sie „putzt" die Eileiter durch und baut ein wunderschönes Kinderzimmer in der Gebärmutter, die nun bereit zur Einnistung ist.

Stelle dir diese Lichtkugel sooft vor wie du möchtest.

Ich habe es z.B. immer getan, wenn ich Stress auf der Arbeit hatte, oder mich angegriffen fühlte. Auch noch als ich schon schwanger war.

Die Kugel war für mich so eine Art Schutzschild für die Gebärmutter und das kleine Wesen in ihr.

Diese Übung hat mir das Gefühl vermittelt mein Baby aktiv zu beschützen.

♥

15.

Gespräch mit deinem Baby

Sprich mit deinem zukünftigen Kind.

Das muss absolut nicht laut sein. Innere Gespräche führen genauso zum Erfolg. Lass dein Baby wissen, dass du es liebst und wie sehr du dich auf es freust.

Du kannst ihm auch schöne Geschichten erzählen, aus deiner Kindheit oder Märchen oder was dir gerade einfällt.

Die Hauptsache ist, dass du dich mit deinem Baby beschäftigst und ihm zeigst, dass es bei dir willkommen ist.

Dabei kannst du gerne eine Hand auf deinen Unterbauch legen und ihn streicheln, wenn du dich dabei wohlfühlst. (Sobald du schwanger bist wirst du das sowieso unbewusst immer wieder tun, also kannst du dich auch jetzt schon mal daran gewöhnen).

Nur wenn du gerade in der Öffentlichkeit bist, würde ich diesen Teil besser weglassen. Es könnte sein, dass die Leute in deinem Umfeld sonst leicht irritiert sind, oder dich fragen, ob dir schlecht ist (bei mir geschehen, als ich das mal auf der Arbeit ausprobiert habe… 😊).

♥

16.

Wärme in den Bauch atmen

Gehe in die Entspannung und lege beide Hände auf deinen Unterbauch.

Spüre die Schwere, die von deinen Händen ausgeht. Spüre die Wärme, die sie ausstrahlen.

Versuche nun durch deine Hände in deinen Bauch einzuatmen.

Tief einatmen, die Wärme verstärkt sich, dann wieder ausatmen.

Irgendwann merkst du ein wohliges Kribbeln. Genieße diese angenehm kribbelige Wärme solange du dich damit wohlfühlst.

17.

Weg der Spermien

Stell dir den Weg der Spermien vor.

Du kannst dich auch nach dem Sex, wenn du Lust hast, noch ein bisschen Hinlegen, das Becken mit einem Kissen hochlagern und dir vorstellen, wie die Spermien sich auf ihrem Weg durch die Gebärmutter hinauf zu den Eileitern durchkämpfen. Es ist ein wahrer Kraftakt, doch sie sind zu Abermillionen angetreten und hochmotiviert. Sie wuseln nur so vor sich hin und kommen super voran. Bald sind sie an ihrem Ziel angelangt und freuen sich schon auf den Auftritt der Eizelle.

Vielleicht ist die Eizelle auch schon da…

♥

18.

Befruchtung

Stell dir die Befruchtung vor.

Die aufgeregten Spermien können es kaum erwarten Bekanntschaft mit der süßen, lieblichen Eizelle zu machen. Sie können gar nicht stillstehen, so nervös sind sie.

Die Eizelle ist nicht minder aufgeregt. Es ist ihr erster und einziger Versuch. Ob der Richtige für sie dabei ist?

Sie ist ein wenig schüchtern und traut sich nicht in die Spermienmenge zu springen. Sie ziert sich noch immer, also platzt der Follikel gekonnt auf und gibt der Eizelle einen guten Schubs.

„Plop" nun ist sie mitten unter den Spermien, ihren Verehrern.

Diese umschwärmen das Ei und zeigen sich von ihrer besten Seite, nur in der Hoffnung, dass das Ei sich für sie entscheidet.

Die Eizelle fühlt sich geschmeichelt und freut sich über die Aufmerksamkeiten.

Sie sind ja alle sehr nett, doch ein Spermium gefällt ihr besonders gut. Sie gewährt ihm Einlass und die Verschmelzung beginnt…

♥

19.

Einnistung

Stell dir die Einnistung vor.

Das Ei und das Spermium verschmelzen in Liebe zu einer Einheit.

Nun beginnt der Teilungsprozess. Immer und immer wieder teilen sich die Zellen und vervielfachen so ihre Zahl.

Dabei wandert der Embryo, auf den Händen der Flimmerhärchen getragen, durch den Eileiter.

In der Gebärmutter angekommen sucht er sich ein wohlig warmes Nest, in dem es sich bequem aushalten lässt. Dort nistet er sich gemütlich ein, wühlt hier die wärmende Kuscheldecke der Gebärmutterschleimhaut ein wenig auf, schüttelt das Bettzeug dort noch ein wenig. Solange, bis er sich ein wunderbares, kuschelwarmes Nest gebaut hat, in dem er die nächsten Monate entspannt wachsen kann.

20.

Liebe

Sobald du in der Entspannung bist, konzentriere dich auf Dinge und Personen oder Situationen, die du liebst. Fühle diese Liebe.

Wo in deinem Körper kannst du die Liebe am meisten spüren? Wie fühlt es sich für dich an? Ist es ein warmes Prickeln? Sitzt es in deiner Herzregion? Oder woanders?

Spüre diese Liebe intensiv. Sie wird immer stärker. Dein Herz öffnet sich und du lässt die Liebe hinein. Jetzt fließt es über vor Liebe. Sie breitet sich in deinem ganzen Körper aus. Überall wo sie hinkommt heilt sie deinen Körper und verändert ihn zum noch Besseren.

Dann strahlt die Liebe aus deinem Körper hinaus in die Welt. Sie verbreitet sich ungehindert und umfasst bald deine Stadt, dann dein Land und letztendlich die ganze Welt.

♥

21.

Schwanger!

Gehe in die Entspannung.

Stell dir vor, wie du einen Schwangerschaftstest machst und er ist positiv: zeigt +, zwei Striche oder *schwanger* an!

Wie fühlt es sich für dich an? Freust du dich?

Könntest du die ganze Welt umarmen? Tanzen? Vor Freude schreien?

Lass deinen Emotionen freien Lauf. Lass sie raus!

Bleibe solange du möchtest in diesem wunderbaren Moment!

22.

Glücksgefühle

Nimm dir vor, den Tag schon mit Glücksgefühlen (Liebe, Freude, Dankbarkeit, Lachen) zu beginnen. Dass du diese Glücksgefühle selbst in dir entstehen lassen kannst, hast du bei den letzten Übungen gemerkt.

Du brauchst dafür keinen Anlass. Du kannst, um es für dich einfacher zu machen, an eine frühere Situation denken, in der du sehr glücklich, fröhlich, geradezu außer dir vor Freude warst.

Stelle dir diese Situation vor deinem inneren Auge vor. Wie hast du dich gefühlt? Wo hast du die Freude spüren können?

Ein leichtes Kribbeln in deiner Magengegend?

Ein Lachen, das in dir aufsteigt?

Ein wohlig warmer Energieschub, der durch deinen ganzen Körper fließt?

♥

Merkst du wie deine Mundwinkel automatisch nach oben gehen?

Verstärke diese guten Gefühle!

Steigere dich so richtig in sie hinein!

Übe dies so lange es dir angenehm ist.

Bald benötigst du keine frühere Situation mehr, um diese Gefühle in dir erwachen zu lassen.

Hole sie über den Tag verteilt so oft wie möglich hervor und freue dich einfach so.

Denn wir ziehen genau das in unser Leben, was wir fühlen.

Das funktioniert aber eben auch in die andere Richtung. Wenn wir immer nur traurig sind und in allem nur das Schlechteste sehen, wenn wir der Meinung sind, dass alle schwanger werden, nur wir nicht, dann wird das von unserem Unterbewusstsein als ein Befehl gesehen: „Sei weiter traurig und werde ja nicht schwanger!!!"

Also solltest du wenigstens versuchen, so oft du eben kannst daran zu denken, die Mundwinkel hoch zu ziehen, zu lächeln und dich gut und glücklich zu fühlen. Jetzt, hier und in diesem Moment.

♥

Wenn du möchtest, kannst du dir auch deinen Handywecker mehrmals täglich stellen, damit du im stressigen Alltag daran denkst.

Mehr als dass sich nichts ändert kann ja nicht passieren. 😊

♥

23.

Schwangerschaftsbauch

Du kannst dir auch über den Tag verteilt immer mal wieder vorstellen, dass du schon deinen Kugelbauch hast.

Wie fühlt es sich an so einen Schwangerschaftsbauch vor sich her zu tragen? Wie fühlt es sich für dich an, wenn dein kleiner Bauchbewohner zum ersten Mal von innen gegen deine Bauchdecke tritt?

Stell dir das einfach so nebenher kurz vor. Wie die ganzen Übungen in diesem Buch, ohne Anstrengung.

24.

Glaubenssätze

Welche negativen Glaubenssätze hast du?

Bist du dir deiner negativen Glaubenssätze bewusst?

Diese negativen Überzeugungen sind in deinem Unterbewusstsein einprogrammiert. Du nimmst sie deshalb für wahr an. Das können Sätze sein, wie zum Beispiel:

Ich werde nie schwanger.

Mein Körper kann das einfach nicht.

Jeder wird schwanger nur ich nicht…

Solange du diese Sätze glaubst wird dein Unterbewusstsein alles daran setzen sie wahr zu machen. Dein Unterbewusstsein ist wie ein nettes, liebes Schoßhündchen, dass seinem Herrchen alle Wünsche von den Augen ablesen möchte. Das Bewusstsein hat dem Unterbewusstsein irgendwann einmal diese Glaubenssätze diktiert und so hat das

♥

Unterbewusstsein alles als wahr und richtig abgespeichert.

Das Gute ist, du kannst diese negativen Glaubenssätze bewusst durch Positive überschreiben.

Überlege dir einfach das positive Gegenteil deines negativen Glaubenssatzes.

Anstelle: „Ich werde nie schwanger" nimmst du also zum Beispiel: „Ich werde zur richtigen Zeit mit dem richtigen Baby schwanger"

Anstelle: „Mein Körper kann das einfach nicht" kannst du „Mein Körper ist gesund und bereit für eine Schwangerschaft" wählen.

Anstelle: „Jeder wird schwanger nur ich nicht" kannst du dich für „Auch ich werde zur richtigen Zeit schwanger" entscheiden.

Wenn du deinen positiven Satz gefunden hast, musst du ihn deinem Unterbewusstsein nur noch immer und immer wieder präsentieren.

Dein Unterbewusstsein glaubt nämlich alles, was es oft gesagt bekommt. Man nennt diese positiven Sätze auch Affirmation.

Du musst deine Affirmation immer wieder in Gedanken wiederholen. Sprich sie oft laut aus (wenn du allein bist z.B. beim Autofahren, an der Ampel…).

Du kannst dir auch kleine Karten mit deinen positiven Sätzen schreiben und sie in deiner Wohnung verteilen, so dass du sie immer wieder siehst und daran erinnert wirst. Du kannst dir auch einfach einen Klebezettel (ohne Spruch drauf ☺) an deinen Monitor auf der Arbeit kleben. Immer, wenn er dir auffällt denkst du dann an deine Affirmation.

Es wird einige Zeit dauern, doch irgendwann haben sich die positiven Einstellungen so tief verankert, dass du sie wirklich für wahr annimmst.

♥

25.

28 -Tage-Übungsplan

Dies ist nur ein Beispiel wie ich vorgegangen bin. Du kannst die Übungen so kombinieren, wie es dir gefällt und guttut, oder eben nach diesem Plan vorgehen.

Tag 1 -4

morgens	mittags	abends
Von 80 runterzählen Wohlfühlort Jeden Muskel entspannen Siehe S. 20-25	siehe morgens	siehe morgens

Tag 5 und 6

♥

Von 40 runterzählen Wohlfühlort Jeden Muskel entspannen Siehe S. 20-25	siehe morgens	Von 40 runterzählen Wohlfühlort Jeden Muskel entspannen Siehe S. 20-25 ***Baby vorstellen*** Siehe S. 29-33

♥

Tag 7 und 8

Von 40 runterzählen	siehe morgens	Von 40 runterzählen
Wohlfühlort		Wohlfühlort
Jeden Muskel entspannen Siehe S. 20-25		Jeden Muskel entspannen Siehe S. 20-25
Jedem Organ vergeben und ich liebe dich sagen Siehe S. 34-35		***Baby vorstellen*** Siehe S. 29-33

Tag 9 und 10

♥

Von 20 runterzählen	siehe morgens	Von 20 runterzählen
Wohlfühlort		Wohlfühlort
Jeden Muskel entspannen Siehe S. 20-25		Jeden Muskel entspannen Siehe S. 20-25
Gebärmutter im Besonderen vergeben und ich liebe dich sagen Siehe S. 34-35		***Baby vorstellen*** Siehe S. 29-33

♥

Tag 11

Von 20 runterzählen	Von 20 runterzählen	Von 20 runterzählen
Wohlfühlort	Wohlfühlort	Wohlfühlort
Jeden Muskel entspannen Siehe S. 20-25	Jeden Muskel entspannen Siehe S. 20-25	Jeden Muskel entspannen Siehe S. 20-25
Jeder Zelle vergeben, danken und ich liebe dich sagen Siehe S. 36	Warmes Licht in Gebärmutter Siehe S. 37	Weg der Spermien und Befruchtung vorstellen Siehe S. 42-44
	Glücksgefühle Siehe S. 48-50	*Baby vorstellen* Siehe S. 29-33

♥

Tag 12 und 13

Von 20 runterzählen	Von 20 runterzählen	Von 20 runterzählen
Wohlfühlort	Wohlfühlort	Wohlfühlort
Jeden Muskel entspannen Siehe S. 20-25	Jeden Muskel entspannen Siehe S. 20-25	Jeden Muskel entspannen Siehe S. 20-25
Liebe in dein Herz und deinen Körper leiten Siehe S. 46	Liebe in dein Herz, deinen Körper und dann in die Welt leiten Siehe S. 46	Weg der Spermien und Befruchtung vorstellen Siehe S. 42-44
		Baby vorstellen Siehe S. 29-33

♥

Tag 14

Von 10 runterzählen	Von 10 runterzählen	Von 10 runterzählen
Wohlfühlort	Wohlfühlort	Wohlfühlort
Jeden Muskel entspannen Siehe S. 20-25	Jeden Muskel entspannen Siehe S. 20-25	Jeden Muskel entspannen Siehe S. 20-25
Warmes Licht in die Gebärmutter leiten Siehe S. 37	Warmes Licht in den ganzen Körper leiten Siehe S. 37	Weg der Spermien und Befruchtung vorstellen Siehe S. 42-44
		Baby vorstellen Siehe S. 29-33
		Glücksgefühle Siehe S. 48-50
		Liebe Siehe S. 46

♥

Tag 15 bis 18

Von 10 runterzählen	Von 10 runterzählen	Von 10 runterzählen
Wohlfühlort	Wohlfühlort	Wohlfühlort
Jeden Muskel entspannen Siehe S. 20-25	Jeden Muskel entspannen Siehe S. 20-25	Jeden Muskel entspannen Siehe S. 20-25
Warmes Licht Siehe S. 37	Schutzschild Gebärmutter Siehe S. 38	Einnistung Siehe S. 45
		Baby vorstellen Siehe S. 29-33
		Glücksgefühle Siehe S. 48-50
		Liebe Siehe S. 46

♥

Tag 19-24

Von 10 runterzählen	Von 10 runterzählen	Von 10 runterzählen
Wohlfühlort	Wohlfühlort	Wohlfühlort
Jeden Muskel entspannen Siehe S. 20-25	Jeden Muskel entspannen Siehe S. 20-25	Jeden Muskel entspannen Siehe S. 20-25
Schutzschild Gebärmutter Siehe S. 38	Schutzschild Gebärmutter Siehe S. 38	Einnistung Siehe S. 45
Warmes Licht durch Hände in Unterleib leiten Siehe S. 37	*Baby vorstellen* Siehe S. 29-33 Glücksgefühle Siehe S. 48-50	*Baby vorstellen* Siehe S. 29-33 Glücksgefühle Siehe S. 48-50 **Liebe** Siehe S. 46

Tag 25-28

Von 10 runterzählen	siehe morgens	Von 10 runterzählen
Wohlfühlort		Wohlfühlort
Jeden Muskel entspannen Siehe S. 20-25		Jeden Muskel entspannen Siehe S. 20-25
Schutzschild Gebärmutter Siehe S. 38		Schutzschild Gebärmutter Siehe S. 38
Warmes Licht durch Hände in Unterleib leiten Siehe S. 37		Warmes Licht durch Hände in Unterleib leiten Siehe S. 37
Sprich mit deinem Kind Siehe S. 39		*Baby vorstellen* Siehe S. 29-33
		Liebe Siehe S. 46
		Positiver Schwanger- schaftstest Siehe S. 47

♥

26.

Sex

Bei all den Entspannungsübungen solltet ihr auch den Sex nicht vergessen 😊

Ohne den funktioniert das Ganze natürlich nicht, aber macht euch keinen Stress und habt **Spaß**!!!

27.

Was sonst noch gut zu wissen ist

Die meisten, die schon länger versuchen schwanger zu werden, wissen dies wahrscheinlich schon 😊:

1. Zervixschleim Beobachtung:
   Kurz vor dem Eisprung, also in der fruchtbarsten Phase, ist der Zervixschleim (das ist der Schleim, den dein Gebärmutterhals absondert) dünnflüssiger, cremiger oder spindelbar (so ähnlich wie rohes Eiweiß. Du kannst ihn zwischen deinen Daumen und Zeigefinger auseinanderziehen, ohne dass der Schleimfaden reißt.)
   Du hast wahrscheinlich auch ein „nasseres" Gefühl am Scheideneingang.
   Kurz nach dem Eisprung bekommst du wieder ein trockeneres Gefühl. Die fruchtbare Zeit ist vorüber.

♥

2. Temperaturkurve erstellen:
Deine Temperatur steigt kurz nach dem Eisprung an.
Wenn du also jeden Morgen deine Temperatur misst, kannst du deinen Eisprung ziemlich genau bestimmen.

Wenn du mehr über diese beiden Methoden erfahren möchtest kannst du im Internet NFP googeln. (Mich persönlich haben die Temperaturkurven immer total verrückt gemacht, aber ich kenne einige Frauen, die sehr gut damit zurechtkommen.)

3. Ovulationsteststäbchen (LH-Tests):
Das sind Teststäbchen, die ähnlich angewandt werden wie Schwangerschaftstests. Du hältst sie in deinen Urin und sie zeigen dir nach kurzer Wartezeit das Ergebnis an. Sie zeigen dir, wann dein Eisprung kurz bevorsteht. Um genaueres sagen zu können, musst du an mehreren Tagen hintereinander testen und die Striche auswerten. Der Teststrich muss mindestens genauso dick sein, wie der Kontrollstrich. Erst dann ist der LH-Test positiv. Der Eisprung erfolgt dann 24-36 Stunden nach diesem so ermittelten LH-Anstieg. Am besten machst du die Tests immer zur selben Uhrzeit und nicht mit Morgenurin. An welchem Zyklustag du genau

♥

mit dem Testen anfangen musst hängt von der Länge deines Zyklus ab. In der Ovulationstestpackung wird genau beschrieben, was du beachten musst.

♥

28.

Zu guter Letzt

Die Forschung weiß immer noch nicht, wonach die Eizelle entscheidet, welches Spermium das Richtige für die Befruchtung ist.

Stell dir vor, dass du erst schwanger wirst, wenn die für dein Leben *perfekt passende* Eizelle auf das *perfekt passende* Spermium trifft. Wenn es bis jetzt noch nicht funktioniert hat, war einfach nicht die richtige Eizelle und das richtige Spermium für *dein Perfektes Baby* im Spiel!

Eine Schwangerschaft ist ein großes Wunder! Und Wunder kann man zulassen, aber nicht erzwingen!

♥

In diesem Sinne wünsche ich dir von Herzen alles, alles Glück dieser Welt und dass du ganz bald deinen süßen, kleinen Schatz in echt in deinen Armen wiegen kannst!

Deine Erfolgsgeschichte, Anregungen oder Verbesserungsvorschläge kannst du mir sehr gerne schicken:

aureliadstark@gmx.de

Wenn dir das Büchlein gefallen hat, würde ich mich natürlich riesig über eine positive Bewertung freuen!!!

Ich möchte gerne so vielen Frauen wie möglich helfen und das geht mit vielen positiven Bewertungen nun mal am besten… 😊

Ich freue mich schon von dir zu hören!

Deine Aurelia

♥

29.

Danksagung

Ich danke von Herzen meinem geliebten Ehemann und unseren zwei, bald drei, wundervollen Kindern, die mich jeden Tag aufs Neue an Wunder glauben lassen!!!